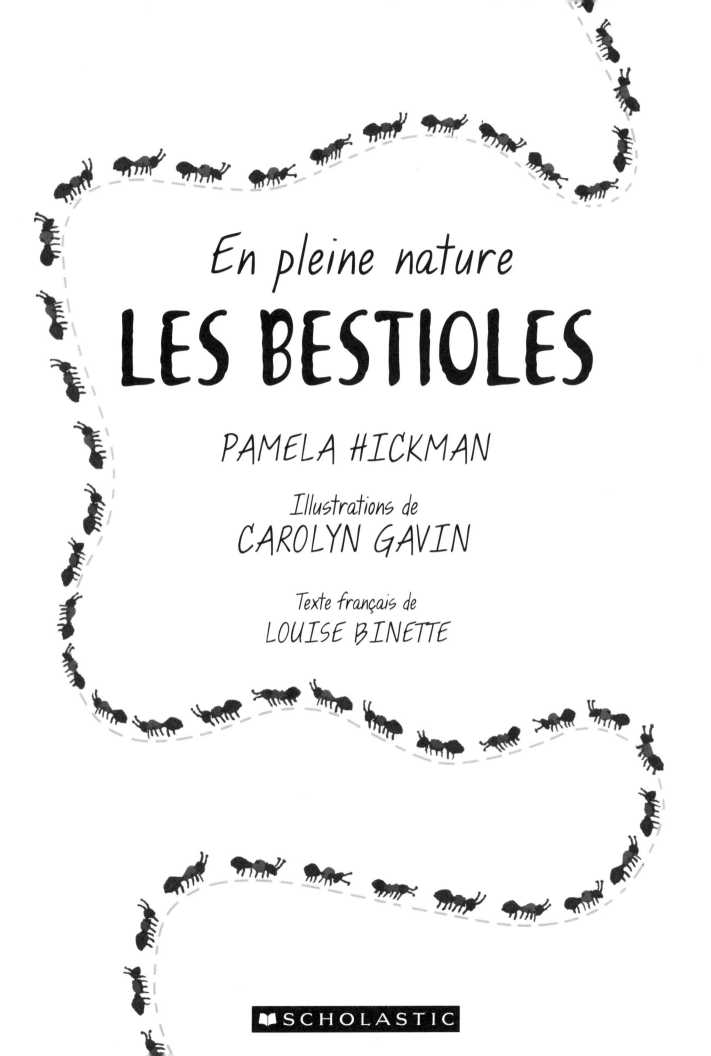

En pleine nature
LES BESTIOLES

PAMELA HICKMAN

Illustrations de
CAROLYN GAVIN

Texte français de
LOUISE BINETTE

SCHOLASTIC

Pour Rosie, avec amour, de Nana – P.H.

Pour ma famille, qui m'a soutenue durant les journées de travail chargées, et pour mère Nature qui a créé d'aussi magnifiques bestioles à peindre. – C.G.

REMERCIEMENTS

Un grand merci à Karen Powers, conceptrice, qui a si bien su me guider et me conseiller tout au long du projet. – C.G.

Catalogage avant publication de Bibliothèque et Archives Canada

Titre: Les bestioles / Pamela Hickman ; illustrations de Carolyn Gavin ; texte français de Louise Binette.
Autres titres: Bugs. Français
Noms: Hickman, Pamela, auteur. | Gavin, Carolyn, illustrateur.
Description: Mention de collection: En pleine nature | Comprend un index. | Traduction de: Bugs.
Identifiants: Canadiana 20190068000 | ISBN 9781443177634 (couverture rigide)
Vedettes-matière: RVM: Insectes—Ouvrages pour la jeunesse.
Classification: LCC QL467.2 .H49514 2019 | CDD j595.7—dc23

Édition publiée par les Éditions Scholastic, 604, rue King Ouest, Toronto (Ontario) M5V 1E1, avec la permission de Kids Can Press Ltd.

5 4 3 2 1   Imprimé en Chine CP130   19 20 21 22 23

Avis de non-responsabilité

L'éditeur et l'auteure se dégagent de toute responsabilité quant à toute blessure résultant de l'exécution d'activités proposées dans ce livre sans suivre les instructions, sans la supervision appropriée ou en ignorant les avertissements contenus dans ce livre.

Les illustrations ont été réalisées avec des aquarelles et de la gouache.

Le texte a été composé avec la police de caractères Kepler Std.

Conception graphique : Karen Powers

Table des matières

Des bestioles partout

As-tu vu un insecte aujourd'hui? Tu as peut-être aperçu des fourmis sur le trottoir, une coccinelle sur une plante ou un papillon qui virevoltait dans les airs. Peu importe où tu habites, tu trouveras sûrement des insectes à proximité.

Il y a deux fois plus d'insectes dans le monde que toutes les autres espèces d'animaux réunies. De nombreux animaux, comme les poissons, les oiseaux, les grenouilles, les tortues et les chauves-souris, dépendent des insectes pour se nourrir. Les plantes, elles, ont besoin des insectes pour transporter le pollen d'une fleur à l'autre (c'est la pollinisation) afin de produire des graines qui deviendront de nouvelles plantes. Sans insectes pollinisateurs, nous ne pourrions pas cultiver plusieurs des fruits et des légumes que nous mangeons. Observe bien les insectes que tu verras au fil de ces pages, et tu constateras que ce sont des créatures fascinantes.

Consulte les sections « Drôles de bestioles » pour découvrir des insectes franchement bizarres!

4

Comment les insectes respirent-ils sous l'eau? Tu trouveras la réponse aux pages 14 et 15!

Découvre comment fabriquer une mangeoire à insectes à la page 29.

Repère les imposteurs, comme les mille-pattes et les vers, aux pages 8 et 9. Peux-tu trouver l'imposteur sur cette page?

Apprends à identifier différents insectes à l'aide du questionnaire aux pages 24 et 25.

Gros plan sur les insectes

Les insectes existent dans une étonnante variété de formes, de tailles et de couleurs. Ils peuvent paraître différents les uns des autres, mais ils ont tous certaines caractéristiques en commun. Observe bien les parties d'un insecte adulte typique :

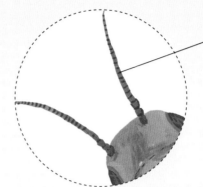

Les **ANTENNES** servent à toucher, sentir et évaluer la température.

Les **YEUX SIMPLES** sont sensibles à la lumière.

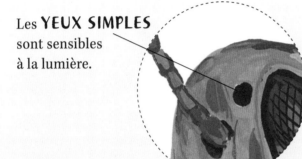

Les **YEUX COMPOSÉS** sont constitués d'un grand nombre de lentilles minuscules qui permettent à l'insecte de voir les objets et de détecter les mouvements.

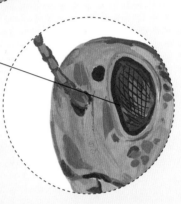

tête

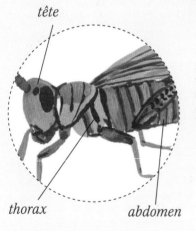

thorax   *abdomen*

Le **CORPS** est composé de trois segments : la tête, la partie centrale appelée « thorax » et l'abdomen.

L'**EXOSQUELETTE**, ou squelette extérieur, est une enveloppe extérieure rigide qui protège les parties molles du corps.

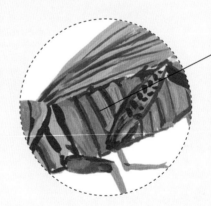

Les **PATTES** servent à la marche. Un insecte possède six pattes articulées.

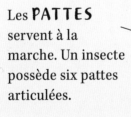

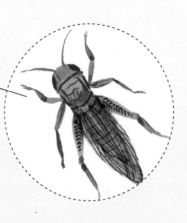

Les **AILES** permettent à l'insecte de voler. Certains insectes n'en ont pas. D'autres en ont une ou deux paires.

aile antérieure   *aile postérieure*

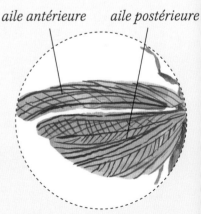

LES HÉTÉROPTÈRES

Ce nom issu du vocabulaire scientifique ne t'est peut-être pas familier, mais il désigne un type d'insectes dont tu as sûrement entendu parler. Il s'agit des punaises.

Les punaises ont une bouche en forme de tube qui leur permet de percer les plantes et d'en aspirer la sève. Certaines punaises se nourrissent de matière animale. Souvent, leurs ailes antérieures comportent une partie opaque et une partie transparente. Leur développement se fait par métamorphose incomplète. (Consulte la page 11 pour en savoir plus!)

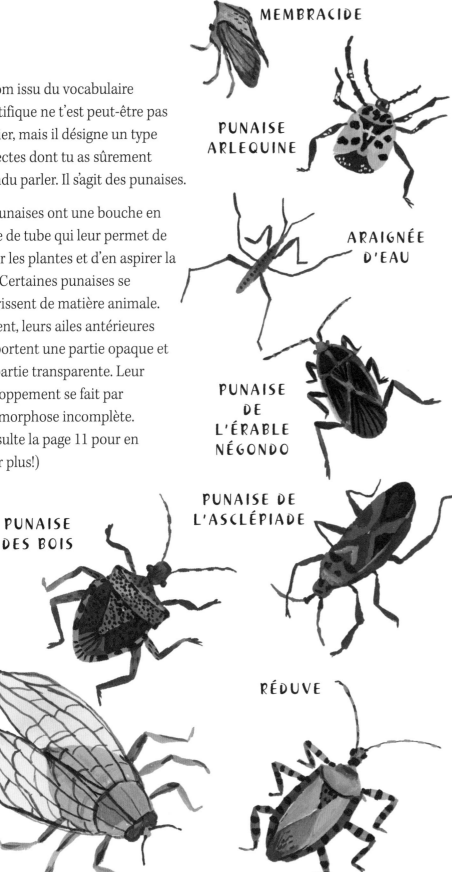

MEMBRACIDE

PUNAISE ARLEQUINE

ARAIGNÉE D'EAU

PUNAISE DE L'ÉRABLE NÉGONDO

PUNAISE DE L'ASCLÉPIADE

PUNAISE DES BOIS

RÉDUVE

CIGALE

Les mantes ont recours au camouflage pour attraper leur repas. Leur couleur vert clair et leur corps mince et allongé les rendent très difficiles à repérer quand elles se cachent sur une plante, prêtes à bondir. Longues et repliées, les pattes antérieures de la mante religieuse lui permettent de capturer facilement les insectes.

MANTE

7

Les imposteurs

En observant les bestioles, tu verras de nombreuses petites créatures qui ressemblent à des insectes, mais qui n'en sont pas. Les araignées, les mille-pattes, les escargots, les vers de terre et les cloportes en font partie. Les informations qui suivent t'aideront à déterminer si les bestioles que tu as trouvées sont des imposteurs!

LES ARACHNIDES

Tous les arachnides possèdent huit pattes, un corps divisé en deux segments et des yeux simples. Ils n'ont pas d'antennes ni d'ailes. Les arachnides ne subissent pas de métamorphose.

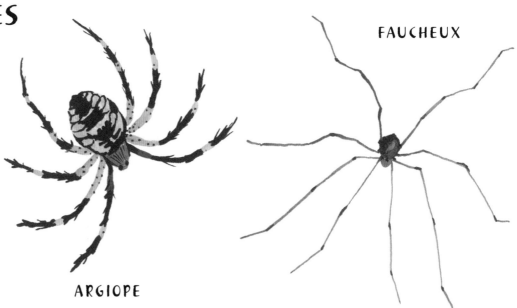

FAUCHEUX

ARGIOPE

LES MYRIAPODES

Le mot *myriapode* signifie « pattes nombreuses ». Différentes espèces peuvent compter entre 10 et 750 pattes. Les myriapodes ont un corps segmenté et une paire d'antennes. La plupart d'entre eux possèdent des yeux simples.

SCUTIGÈRE

MILLE-PATTES

8

LES GASTÉROPODES

Les escargots et les limaces appartiennent à un groupe qu'on appelle les gastéropodes. Les escargots ont une coquille simple alors que les limaces n'en ont pas. Ces animaux possèdent une ou deux paires d'antennes au bout desquelles se trouvent leurs yeux. Ils se déplacent à l'aide d'un seul pied musculaire et laissent souvent derrière eux une traînée visqueuse.

ESCARGOT DES JARDINS

LIMACE

LES ANNÉLIDES

Les annélides regroupent de nombreuses espèces de vers au corps segmenté et mou. Dépourvus de pattes, ils se déplacent à l'aide des soies qui garnissent chaque segment de leur corps.

VER DE TERRE

SANGSUE MÉDICINALE

LES ISOPODES

Parfois comparés à de minuscules tatous, les isopodes possèdent un exosquelette rigide et segmenté, deux paires d'antennes et sept paires de pattes articulées. Ils respirent grâce à cinq paires d'appendices situées à l'extérieur du corps sur l'abdomen.

CLOPORTE COMMUN

CLOPORTE VULGAIRE

La vie d'un insecte

À ta naissance, tu ressemblais déjà, en plus petit, à la personne que tu es aujourd'hui. La plupart des insectes, quant à eux, changent complètement de taille, de forme et de couleur durant leur cycle de vie. Ces changements constituent la métamorphose. Un insecte adulte peut vivre quelques jours ou plusieurs années, selon son espèce. La majorité des insectes adultes vit environ une semaine, juste le temps de s'accoupler et de pondre des œufs. Un insecte femelle pond en moyenne de 100 à 200 œufs durant sa courte existence.

LA MÉTAMORPHOSE COMPLÈTE

La métamorphose complète compte quatre stades : l'œuf, la larve, la pupe et l'adulte. Des insectes comme la mouche, la coccinelle, le papillon, l'abeille et la fourmi traversent ces quatre phases.

1 *Une femelle adulte pond des œufs.*

2 *Une larve éclot, puis mange et grandit.*

3 *Une pupe (appelée « chrysalide » dans le cas d'un papillon) se forme et sert de couche protectrice ou cocon. À l'intérieur, l'insecte est habituellement inactif et ne mange pas tandis que son corps d'adulte se développe.*

4 *La pupe se déchire et l'insecte adulte en sort.*

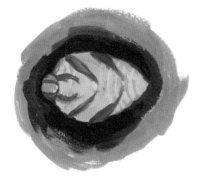

LA MÉTAMORPHOSE INCOMPLÈTE

Certains insectes, comme la sauterelle, le perce-oreille ou la libellule, se développent en trois étapes seulement. On dit de cette métamorphose qu'elle est incomplète. Elle comporte les stades de l'œuf, de la nymphe et de l'adulte.

1 *Une femelle adulte pond des œufs.*

2 *Des nymphes éclosent, mais n'ont pas encore d'ailes. Elles mangent, grandissent et muent (elles perdent leur exosquelette) jusqu'à ce qu'elles soient prêtes à passer au stade adulte.*

LÉPISME ARGENTÉ ADULTE
(communément appelé « poisson d'argent »)

NYMPHE DE LÉPISME ARGENTÉ

3 *Durant la dernière mue, l'insecte ailé atteint le stade adulte. À peine quelques heures plus tard, il cherchera un partenaire pour s'accoupler.*

L'habitat d'un insecte

La maison où tu habites est probablement faite de brique, de béton, d'acier, de bois ou de pierre. Les maisons des insectes, elles, sont faites de bois, de papier, de matière végétale, de terre, de boue, de coquilles et de nombreux autres matériaux que l'on trouve dans la nature. Voici des exemples de maisons d'insectes que tu pourrais voir dans ton voisinage.

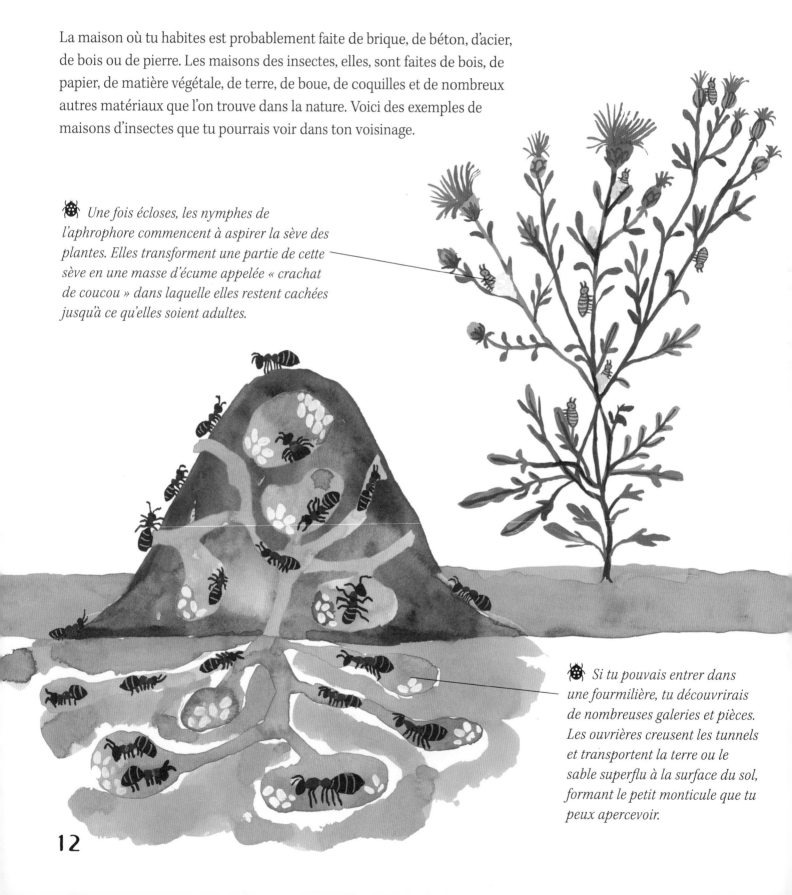

Une fois écloses, les nymphes de l'aphrophore commencent à aspirer la sève des plantes. Elles transforment une partie de cette sève en une masse d'écume appelée « crachat de coucou » dans laquelle elles restent cachées jusqu'à ce qu'elles soient adultes.

Si tu pouvais entrer dans une fourmilière, tu découvrirais de nombreuses galeries et pièces. Les ouvrières creusent les tunnels et transportent la terre ou le sable superflu à la surface du sol, formant le petit monticule que tu peux apercevoir.

12

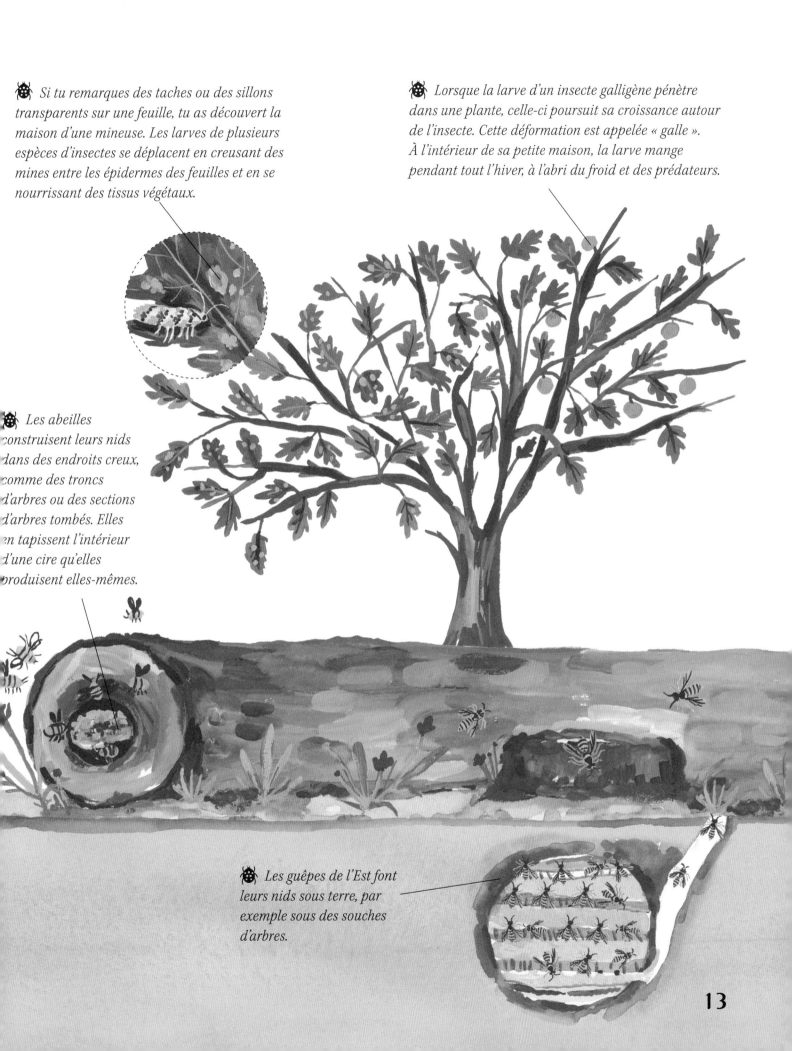

🐞 Si tu remarques des taches ou des sillons transparents sur une feuille, tu as découvert la maison d'une mineuse. Les larves de plusieurs espèces d'insectes se déplacent en creusant des mines entre les épidermes des feuilles et en se nourrissant des tissus végétaux.

🐞 Lorsque la larve d'un insecte galligène pénètre dans une plante, celle-ci poursuit sa croissance autour de l'insecte. Cette déformation est appelée « galle ». À l'intérieur de sa petite maison, la larve mange pendant tout l'hiver, à l'abri du froid et des prédateurs.

🐞 Les abeilles construisent leurs nids dans des endroits creux, comme des troncs d'arbres ou des sections d'arbres tombés. Elles en tapissent l'intérieur d'une cire qu'elles produisent elles-mêmes.

🐞 Les guêpes de l'Est font leurs nids sous terre, par exemple sous des souches d'arbres.

13

Les insectes dans l'eau

Si tu te promènes près d'un marais, d'un étang ou d'une rivière, tu apercevras peut-être quelques-uns des insectes fascinants qui y habitent. Certains vivent à la surface de l'eau, tandis que d'autres vivent juste sous la surface ou même au fond de l'eau.

Les insectes aquatiques ont une façon particulière de respirer sous l'eau. Et ils ont des façons formidables de se déplacer! Voici les caractéristiques uniques de quelques insectes aquatiques.

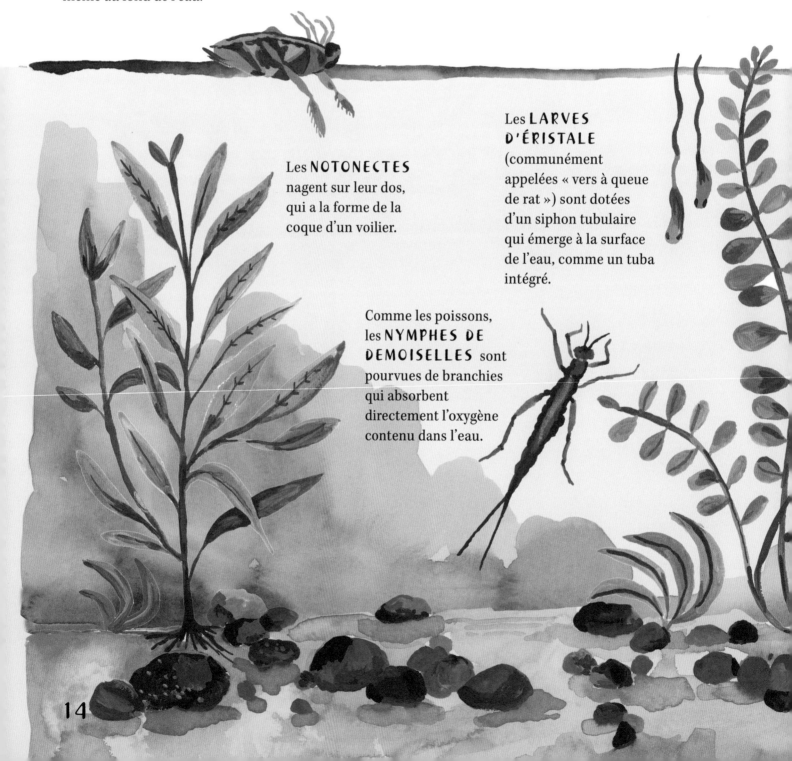

Les **NOTONECTES** nagent sur leur dos, qui a la forme de la coque d'un voilier.

Les **LARVES D'ÉRISTALE** (communément appelées « vers à queue de rat ») sont dotées d'un siphon tubulaire qui émerge à la surface de l'eau, comme un tuba intégré.

Comme les poissons, les **NYMPHES DE DEMOISELLES** sont pourvues de branchies qui absorbent directement l'oxygène contenu dans l'eau.

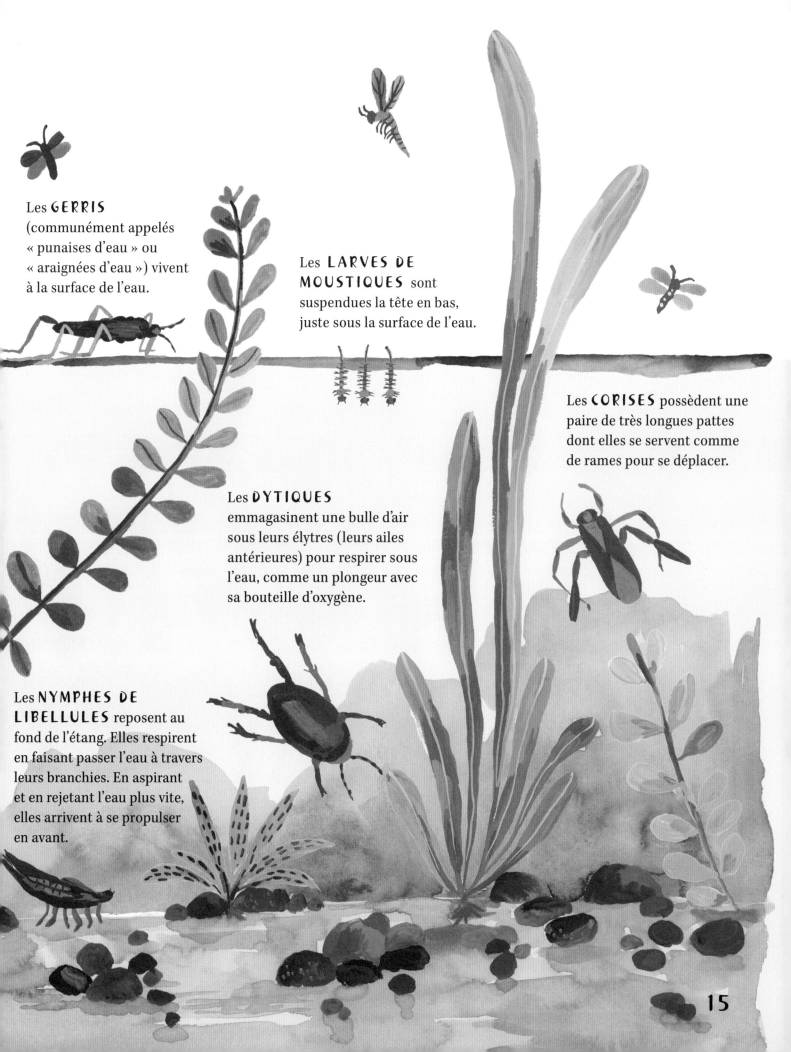

Les **GERRIS** (communément appelés « punaises d'eau » ou « araignées d'eau ») vivent à la surface de l'eau.

Les **LARVES DE MOUSTIQUES** sont suspendues la tête en bas, juste sous la surface de l'eau.

Les **CORISES** possèdent une paire de très longues pattes dont elles se servent comme de rames pour se déplacer.

Les **DYTIQUES** emmagasinent une bulle d'air sous leurs élytres (leurs ailes antérieures) pour respirer sous l'eau, comme un plongeur avec sa bouteille d'oxygène.

Les **NYMPHES DE LIBELLULES** reposent au fond de l'étang. Elles respirent en faisant passer l'eau à travers leurs branchies. En aspirant et en rejetant l'eau plus vite, elles arrivent à se propulser en avant.

Les insectes au printemps

Le printemps est la période idéale de l'année pour observer les insectes dans ton voisinage. Les insectes volants nouvellement sortis forment souvent des essaims de reproduction dans les airs. Au sol, les fourmis, coccinelles et autres bestioles sortent de leur hibernation.

LES PAONS-DE-NUIT

D'avril à juin, dans les champs, les boisés et les arrière-cours, tu pourrais apercevoir des paons-de-nuit adultes qui sortent de leurs cocons. La chenille de cet insecte tisse de nombreuses couches de soie pour fabriquer son cocon. Les paons-de-nuit n'ayant pas de pièces buccales, ils ne mangent jamais et ne vivent qu'une semaine environ. Ils passent leur courte vie à chercher à s'accoupler et à pondre des œufs pour assurer la survie de leur espèce.

LES ABEILLES

Observe bien les abeilles qui se posent sur les fleurs au début du printemps. Elles recueillent de la nourriture tout en pollinisant les fleurs. Une colonie d'abeilles doit récolter le nectar de 60 000 à 90 000 fleurs individuelles pour produire un dé de miel. Certaines colonies parmi les plus vaillantes peuvent fabriquer jusqu'à 900 g de miel par jour. Les abeilles sont essentielles à la croissance de nombreux fruits et légumes. Elles butinent des centaines de fleurs par jour pour se nourrir de leur pollen et de leur nectar. Le pollen d'une fleur colle au corps poilu de l'abeille. Il est ensuite déposé sur la prochaine fleur que l'abeille butinera. C'est la pollinisation. Une fleur doit être pollinisée avant qu'un fruit puisse pousser.

SATURNIE CÉCROPIA

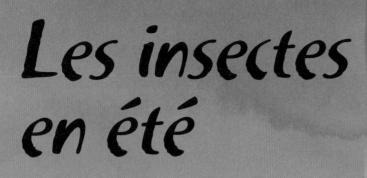

Les insectes en été

Quand la température monte en été, le niveau d'activité des insectes atteint des sommets! De jour en jour, il y a plus de fourmis, de mouches, de papillons nocturnes et de moustiques.

Pas besoin de voir dans le noir pour observer des insectes par une belle soirée d'été. Quand tu vas au lit, ouvre les rideaux et allume la lumière. Bientôt, des insectes volants s'approcheront de ta fenêtre, et tu risqueras même de les entendre se poser sur la moustiquaire. Essaie de reconnaître les papillons de nuit, les hannetons (aussi appelés « barbeaux »), les moustiques et autres insectes volants nocturnes. Le soir, tu peux aussi apercevoir des insectes nocturnes autour des luminaires extérieurs des maisons ou près des lampadaires.

UNE LUMIÈRE DANS LA NUIT

Par un soir d'été, installe une lumière dehors pour attirer les insectes nocturnes. Sers-toi ensuite d'une loupe pour observer de près ces bestioles étonnantes. Cherche des coléoptères aux ailes rigides, des papillons nocturnes aux ailes couvertes d'écailles poudreuses, des moustiques et des tipules aux ailes transparentes. Qu'est-ce qui distingue ces insectes les uns des autres? Utilise cette page ainsi qu'un guide d'identification pour reconnaître certains des insectes que tu vois.

Certains insectes volants nocturnes produisent leur propre lumière. La luciole, qu'on appelle aussi mouche à feu, est un coléoptère. Le mâle émet des signaux lumineux pour attirer une femelle. À l'intérieur de son abdomen se trouvent des organes spéciaux contenant des produits chimiques qui émettent de la lumière. Différentes espèces produisent de la lumière à des moments précis de la soirée et envoient différentes séquences lumineuses qui constituent une sorte de code. La femelle ne réagit qu'au code de sa propre espèce.

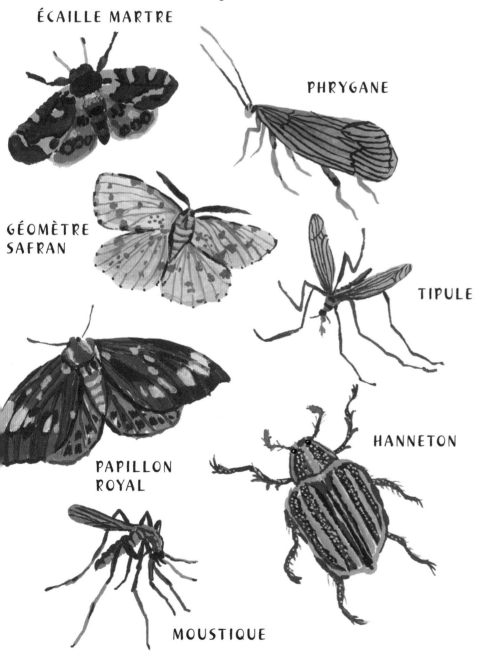

ÉCAILLE MARTRE

PHRYGANE

GÉOMÈTRE SAFRAN

TIPULE

PAPILLON ROYAL

HANNETON

MOUSTIQUE

LUCIOLE (MÂLE)

LUCIOLE (FEMELLE)

Les insectes en automne

À mesure que le temps froid s'installe, tu remarqueras peut-être qu'il y a de moins en moins d'insectes et qu'ils sont moins actifs. Tu sais probablement déjà que de nombreux oiseaux migrent vers le sud à l'approche de l'hiver. Mais sais-tu que certains insectes migrent aussi? Ils le font pour plusieurs raisons : pour échapper à une saison froide ou sèche, ou encore pour trouver de la nourriture ou se reproduire. À l'automne, certaines espèces de libellules, de papillons nocturnes et de coléoptères parcourent de longues distances pour migrer.

LA MIGRATION DES MONARQUES

La plupart des papillons survivent à l'hiver sous la forme de chrysalides, mais certains s'envolent vers le sud, où il fait plus chaud. Chaque année, à la fin de l'été et à l'automne, d'immenses nuées de monarques quittent leurs aires de reproduction en Nouvelle-Angleterre, en Ontario et autour des Grands Lacs pour se rendre à leurs quartiers d'hiver : les montagnes de la Sierra Madre, au centre du Mexique. Là, ces millions de monarques se reposent dans des arbres à feuillage persistant, parfois appelés « arbres à papillons ».

À la fin février, les monarques repartent vers le nord. Pendant le voyage, ils s'accouplent et la plupart des mâles meurent. De nombreuses femelles pondent leurs œufs lors du trajet de retour, puis meurent aussi. Après l'éclosion, les larves se développent et deviennent des papillons. Ceux-ci continuent le parcours vers le nord. Certaines femelles font tout le voyage de retour pour pondre leurs œufs sur une plante nommée asclépiade.

Les monarques qui se reproduisent dans les vallées des montagnes Rocheuses de l'Idaho et du Montana migrent en Californie, entre San Francisco et San Diego, pour passer les mois d'hiver.

DRÔLES DE BESTIOLES

Chez certains insectes, comme le papillon et la mouche, les papilles gustatives sont situées sur les pattes. Tout en marchant, ils peuvent trouver de minuscules morceaux de nourriture et les goûter avant de les manger. Cette particularité aide certains papillons à bien choisir l'endroit où pondre leurs œufs. Ces derniers doivent être déposés sur une plante dont les chenilles pourront se nourrir dès leur éclosion.

AMIRAL POINTS-ROUGES

Les insectes en hiver

Une fois que tu sauras où et quoi chercher, tu verras qu'il est possible d'observer les insectes en toutes saisons. Dans le sud des États-Unis, on peut apercevoir des insectes à n'importe quel moment de l'année. Au nord, toutefois, là où les hivers sont froids et neigeux, l'observation d'insectes durant cette saison devient une vraie aventure.

Les insectes sont des animaux à sang froid, c'est-à-dire qu'ils dépendent de la température extérieure pour se réchauffer et rester actifs et alertes. Les journées douces sont idéales pour observer les insectes en hiver.

🐞 Les morios adultes hibernent durant la saison froide, mais sortent de leur abri d'écorce ou de bois mort lors des journées d'hiver ensoleillées.

🐞 Regarde bien autour des arbres. Si tu aperçois de minuscules points noirs qui ressemblent à des puces sur la neige, il s'agit en fait de collemboles des neiges.

🐞 Lorsque la température s'élève au-dessus de 0 °C, les fourmis charpentières, qui hibernent dans des arbres morts, entreprennent de creuser de nouvelles chambres dans le bois.

LES INSECTES QUI HIBERNENT

Les chenilles de certains papillons nocturnes s'enroulent dans des feuilles pour tisser leur cocon.

Quand tu partiras à la recherche d'insectes actifs en hiver, tu en trouveras peut-être aussi qui seront inactifs. La plupart des insectes qui vivent au nord hibernent pour survivre au froid. Leur croissance s'interrompt et, en général, ils cessent de manger et de se déplacer jusqu'au retour du temps plus doux. Combien de ces insectes en hibernation peux-tu trouver? Rappelle-toi de ne pas les déranger.

Examine les petites branches et les tiges des plantes pour trouver des galles d'insectes, des œufs ou des chrysalides de papillons.

Le bois mort est un véritable immeuble d'habitation pour les insectes. Fais rouler une bûche ou soulève délicatement son écorce pour voir si des insectes hibernent. Replace ensuite la bûche là où tu l'as trouvée.

À la fin de l'hiver, quand la neige commence à fondre, regarde sous les feuilles qui couvrent le sol. Tu apercevras peut-être des coccinelles qui se déplacent au ralenti et d'autres coléoptères qui ont passé l'hiver sous ces feuilles.

23

Observation des bestioles pour les débutants

L'une des meilleures façons de trouver des bestioles est de partir en promenade à quatre pattes. Ouvre l'œil, car la plupart des insectes sont minuscules et se camouflent en prenant une couleur ou une forme qui leur permet de se fondre dans leur environnement. Rappelle-toi de laisser les insectes regagner leur habitat une fois que tu les as observés.

HABITAT

- L'insecte vit-il sur le sol, dans le sol ou sous l'eau? Ou encore sur une plante ou dans un arbre?

- Construit-il sa maison?

nid de guêpes *termitière*

fourmilière *tente de la livrée*

COMPORTEMENT

- Comment se déplace-t-il? Est-ce qu'il vole, sautille, bondit ou rampe?

- Fait-il du bruit? Si oui, de quel son s'agit-il?

- Est-il actif durant le jour ou la nuit?

CORPS

- Ses antennes sont-elles longues ou courtes? Segmentées ou lisses?

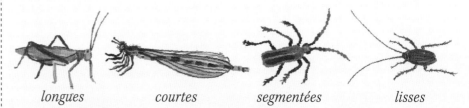

longues *courtes* *segmentées* *lisses*

- A-t-il une pièce buccale? Si oui, à quoi sert-elle?

à mâcher *à aspirer* *à laper*

- A-t-il des ailes? Combien?
- Son corps est-il poilu ou lisse? Porte-t-il des marques particulières?
- Sa taille est-elle étroite ou large?

étroite *large*

- Combien a-t-il de pattes? Sont-elles courtes ou longues?

six pattes (insecte) *huit pattes (arachnide)* *pattes nombreuses (myriapode)*

- A-t-il un ou plusieurs appendices semblables à une queue?

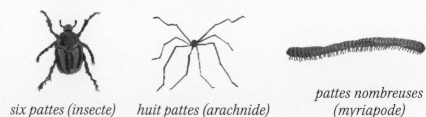

PAPILLON DIURNE OU NOCTURNE?

ailes dressées

antennes droites et fines

ailes à plat

antennes touffues et plumeuses

corps petit et étroit

actif le jour

corps trapu et velu

actif la nuit

PAPILLON DIURNE

PAPILLON NOCTURNE

LIBELLULE OU DEMOISELLE?

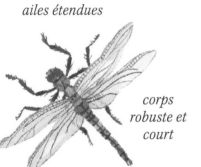

ailes étendues

corps robuste et court

ailes repliées sur le dos

corps long et fin

LIBELLULE

DEMOISELLE

ABEILLE OU GUÊPE?

corps trapu et velu

pattes robustes et velues

corps long et lisse

pattes fines

LES ABEILLES ET LES GUÊPES PEUVENT PIQUER. NE T'APPROCHE PAS TROP DE LEUR HABITAT.

ailes larges

taille large

ailes étroites

taille étroite

ABEILLE

GUÊPE

À GLISSER DANS TON SAC À DOS

TRANSPLANTOIR

FILET

LOUPE

APPAREIL PHOTO

GUIDE D'IDENTIFICATION

CARNET

CRAYON

D'autres bestioles étranges

UN DÉGUISEMENT PARFAIT

Ayant exactement la forme et la couleur d'une brindille, le phasme, qu'on appelle aussi « insecte brindille », se confond parfaitement avec les arbustes et les arbres où il s'abrite et se nourrit. La plupart de ces insectes n'ont pas d'ailes, et leur taille varie entre 1,25 cm et 15 cm ou plus.

PHASME

PENTATOME

PETITE BÊTE PUANTE

Quand une pentatome (communément appelée « punaise des bois ») est menacée par un prédateur, comme un oiseau ou un lézard, elle répand une mauvaise odeur grâce à des glandes situées sur son abdomen. La sécrétion malodorante peut repousser l'ennemi et sauver la vie de la punaise.

VIVE LA REINE!

Chez les termites, la colonie gravite autour de la reine, qui pond tous les œufs pour la colonie. Les reines termites ont la plus longue espérance de vie de tous les insectes, certaines pouvant vivre jusqu'à 50 ans. À maturité, une reine peut pondre jusqu'à 40 000 œufs par jour.

REINE TERMITE

TROMPE-L'ŒIL

Certains insectes, comme la chenille du papillon glauque du Canada, ont de faux yeux pour tromper les prédateurs et les inciter à attaquer une partie moins vulnérable de leur corps. Leurs vrais yeux sont très petits et difficiles à repérer pour les prédateurs.

CHENILLE DU PAPILLON GLAUQUE DU CANADA

TROIS « QUEUES »

Le lépisme argenté, qu'on appelle aussi « poisson d'argent », est un insecte dépourvu d'ailes que l'on trouve fréquemment dans les maisons. Cette petite créature argentée se déplace en ondulant rapidement dans les endroits frais et humides, comme dans les salles de bain et sous les éviers. Le lépisme possède, au bout de son abdomen, trois appendices semblables à des queues qui lui servent d'organes sensoriels.

LÉPISME ARGENTÉ

FUNÉRAILLES

Les nécrophores sont les entrepreneurs des pompes funèbres du monde des insectes. Quand ils trouvent un petit animal mort, par exemple une souris, ils creusent sous le cadavre. Celui-ci finit par s'enfoncer dans le sol tout en se recouvrant de terre. Les femelles pondent leurs œufs tout près, ce qui permet aux larves et aux adultes de se nourrir du cadavre enseveli.

NÉCROPHORE

Les insectes en péril

Comme tous les animaux sauvages, les insectes ont besoin de nourriture, d'un abri et d'un endroit pour se reproduire. Quand on assèche des milieux humides, qu'on exploite des forêts et qu'on laboure des prairies indigènes, des millions d'insectes perdent leur habitat et meurent. D'autres sont aussi tués quand on utilise des poisons appelés pesticides dans les fermes, le long des routes et dans les parcs ou les jardins de nos maisons. Les collectionneurs peuvent aussi devenir une menace pour les populations de papillons particulièrement rares ou beaux.

Quand on tue des insectes, il y a moins de nourriture pour les oiseaux, les reptiles, les mammifères et les amphibiens insectivores.

Tu peux contribuer à protéger les insectes en suivant ces quelques recommandations :

🐞 Remets toujours les insectes en liberté après les avoir observés.

🐞 Apprends à vivre avec les insectes. Tout le monde tente d'écraser les moustiques agaçants, mais la plupart des insectes sont inoffensifs. Ne leur fais pas de mal.

🐞 Installe une mangeoire à insectes (comme celle de la page de droite!) ou plante des fleurs dans un pot ou dans un jardin pour gâter les abeilles et les papillons de ton voisinage.

🐞 Pour éviter l'utilisation de pesticides nocifs, encourage les adultes de ton entourage à se renseigner auprès d'un centre de jardinage sur les moyens naturels de contrôler les insectes autour de chez toi.

🐞 Fais des recherches pour savoir quels insectes de ta province

figurent sur la liste des espèces en voie de disparition, menacées ou préoccupantes. Écris au gouvernement pour demander quelles mesures ont été prises pour les protéger.

🐞 Organise une activité de financement au profit d'un groupe de conservation qui protège les insectes en péril. Voici quelques suggestions :

• Prépare une vente-débarras.

• Trouve des commanditaires pour ta classe en échange d'un grand nettoyage du parc de ton quartier.

• Vends des billets pour une randonnée guidée par un naturaliste (un spécialiste de la nature) dans un parc près de chez toi.

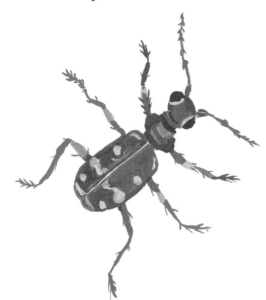

CICINDÈLE VERTE
DES PINÈDES

COURTILIÈRE

BLEU MÉLISSA

FABRIQUE UNE MANGEOIRE À INSECTES

CE QU'IL TE FAUT :

- une éponge neuve d'environ 2,5 cm d'épaisseur
- une bouteille de plastique de 2 l avec son bouchon
- 250 ml de sucre   • de la ficelle
- une petite pierre   • une règle
- un entonnoir   • de l'eau
- des ciseaux bien aiguisés
- du fil métallique (facultatif)

Fabrique une mangeoire à insectes (semblable à une mangeoire à oiseaux) et suspends-la dehors. Tu pourras observer comment les papillons, abeilles, mouches et autres insectes friands de nectar s'abreuvent à ta mangeoire.

1 Taille dans l'éponge une bande de 4 cm de largeur et de 15 cm de longueur.

2 Demande à un adulte de découper un trou de 2 cm de diamètre dans le bas de la bouteille.

3 Coupe un bout de ficelle de 20 cm de longueur. Attache l'une des extrémités autour de la pierre et l'autre autour de l'éponge.

4 Insère la pierre et la ficelle dans le trou au bas de la bouteille. Puis, enfonce l'éponge dans le trou en la laissant dépasser de 2 cm à l'extérieur.

5 Utilise l'entonnoir pour verser le sucre dans la bouteille. Au-dessus d'un évier, remplis la bouteille aux trois quarts avec de l'eau. Remets ensuite le bouchon sur la bouteille et retourne-la rapidement. Le niveau de l'eau doit se trouver juste sous le trou. Agite la bouteille avec précaution pour permettre au sucre de se dissoudre.

La ficelle assurera l'alimentation de l'éponge en eau.

6 Attache solidement un long bout de ficelle ou de fil métallique autour de la bouteille, puis suspends-la près d'une fenêtre d'où tu pourras bien la voir. S'il y a un jardin chez toi, accroche ta mangeoire à un poteau ou à un tronc d'arbre pour attirer les pollinisateurs vers tes fleurs, tes fruits et tes légumes.

29

Glossaire

à sang froid : incapable de maintenir une température corporelle interne constante. Les insectes à sang froid dépendent de la température extérieure pour réchauffer et refroidir leur corps.

abdomen : partie arrière du corps d'un insecte adulte. Il contient les organes reproducteurs.

ailes antérieures : paire d'ailes avant, si l'insecte en a deux paires.

ailes postérieures : paires d'ailes arrière, si l'insecte en a deux paires.

annélide : ver annelé, comme le ver de terre ou la sangsue.

antennes : paire d'organes sensoriels mobiles que les insectes portent sur la tête et qui leur permettent de se situer dans leur environnement. Certains insectes s'en servent aussi pour goûter, sentir, entendre, détecter l'humidité et mesurer la vitesse du vent.

appendice : partie du corps située à l'extérieur du corps d'un insecte, comme une patte ou une antenne.

aquatique : qui vit dans l'eau.

arachnide : invertébré à huit pattes et dépourvu d'ailes, comme l'araignée ou le scorpion.

camouflage : fait de se fondre dans son environnement, généralement à cause de sa couleur ou de sa forme.

chrysalide : enveloppe dure et crustacée qui recouvre un papillon au stade de la pupe.

cocon : enveloppe souple et soyeuse qui recouvre de nombreux insectes au stade de la pupe, notamment les papillons de nuit.

cycle de vie : ensemble des différents stades dans la vie d'un insecte, de l'œuf à l'adulte.

exosquelette : enveloppe extérieure dure qui protège les parties molles du corps d'un insecte.

galle : excroissance anormale sur une plante, souvent causée par l'activité d'un insecte galligène.

gastéropode : mollusque à coquille simple ou sans coquille, doté d'un seul pied musculaire, comme l'escargot et la limace.

habitat : environnement naturel où vit un organisme. Il lui procure abri, nourriture, eau et protection.

hétéroptères : groupe d'insectes dotés de pièces buccales spéciales leur permettant d'aspirer, et qui subissent une métamorphose incomplète.

hiberner : trouver un abri et devenir inactif, souvent durant la saison froide ou sèche.

isopodes : petits invertébrés pourvus d'un exosquelette rigide et segmenté, de sept paires de pattes, de deux paires d'antennes et de cinq paires d'appendices abdominaux, comme le cloporte vulgaire et le cloporte commun entre autres.

larve : forme préadulte d'un insecte, entre les stades de l'œuf et de la pupe.

métamorphose : transformation de la taille, de la forme et de la couleur d'un insecte tout au long de son cycle de vie, de l'œuf à l'adulte. La métamorphose comprend au moins trois stades très différents.

métamorphose complète : transformation de la taille, de la forme et de la couleur d'un insecte, qui se déroule en quatre stades : œuf, larve, pupe et adulte.

métamorphose incomplète : transformation de la taille, de la forme et de la couleur d'un insecte, qui se déroule en trois stades : œuf, nymphe et adulte.

migrer : parcourir une longue distance, généralement pour trouver de la nourriture ou pour échapper à la saison froide ou sèche.

muer : perdre son exosquelette.

myriapodes : invertébrés segmentés dotés de nombreuses pattes, d'une paire d'antennes et d'yeux simples, comme le scutigère et le mille-pattes entre autres.

nocturne : qui est actif durant la nuit.

nymphe : forme préadulte et dépourvue d'ailes d'un insecte durant la métamorphose incomplète.

œil composé : œil constitué de nombreuses lentilles individuelles capables de former une image.

œil simple : œil sensible à la lumière constitué d'une seule lentille.

pesticide : produit chimique utilisé pour tuer ou contrôler la prolifération des plantes ou des animaux indésirables.

pollinisation : transfert du pollen d'une fleur à une autre.

prédateur : animal qui en attrape un autre et s'en nourrit.

pupe : troisième stade de la métamorphose complète.

thorax : partie centrale du corps d'un insecte adulte. Les pattes et les ailes y sont rattachées.

trompe : pièce buccale tubulaire du papillon servant à aspirer le nectar des fleurs tubuleuses. Elle peut se rétracter sous la tête de l'insecte quand il ne l'utilise pas.

Index